A. MONDENARD

LE
REFUS
DE
L'IMPOT

> « Toute levée sans la loi
> et hors la loi n'est que
> brigandage. »
>
> (*Théorie de l'Impôt,*
> par le Marquis de
> Mirabeau.)

AGEN

IMPRIMERIE BONNET ET FILS, COURS DU PIN
1877

Hier, ce travail était utile ;

Il ne l'est plus aujourd'hui :

Peut-être le sera-t-il demain

6 Décembre 1877

LE
REFUS
DE
L'IMPOT

I

C'est de la lutte de la Royauté contre la Théocratie que sont nés les Etats-Généraux.

Fidèle à la politique de Grégoire VII, le pape Innocent III publia contre Philippe-le-Bel la bulle *Ausculta fili*, dans laquelle il revendiquait pour la Papauté le droit de déposer les Rois ;

Contre le Pape, Philippe en appelle aux trois Etats, c'est-à-dire à la France.

C'est le 10 avril 1302 que s'ouvrent, à Notre-Dame de Paris, les premiers Etats-Généraux.

Le Roi y prend la parole ;

Il dit :

«..... Nous sommes prêt à exposer notre corps, nos biens et tout ce que nous possédons pour conserver libre de toute atteinte l'indépendance du Royaume ; et nous réputons ennemis de ce royaume et de notre personne tous ceux qui enfreindront notre présente ordonnance et adhéreront aux bulles du Pape. »

Devant cette fière déclaration, le clergé, préférant se soumettre que se démettre, s'inclina et écrivit en cour de Rome qu'il cessait de soutenir la politique ultramontaine parce que « ne le souffrirait mie ledit sire Roi, ni le commun peuple du royaume. »

Ceci se passait il y a cinq cent soixante-quinze ans.

Aujourd'hui, comme alors, la lutte est entre Paris et Rome ;

Il y a cette différence qu'aujourd'hui, au lieu de s'appuyer sur le « commun peuple » pour résister aux exigences d'au-delà des Alpes, le Pouvoir se range du côté des prétentions ultramontaines pour résister à la nation française.

Une seule arme reste aux mains des représentants du « commun peuple, » pour faire rentrer le Pouvoir dans la tradition nationale, un seul moyen pour lui imposer une politique française :

C'est le refus de l'Impôt.

II

Les représentants du peuple ont-ils le droit de voter l'Impôt — et, par conséquent, de ne le point voter ?

Tant que l'Impôt n'aura point été voté par ses représentants, le peuple a-t-il le droit de refuser de le payer ?

Oui !

Ce droit de refuser l'Impôt, le peuple de France le possède depuis *cinq siècles et demi,* depuis *cinq cent cinquante ans*, depuis qu'Etienne Barbette, bourgeois de Paris, se leva dans les Etats de 1314 et déclara, au nom des « bonnes villes, » que le Tiers ferait *ayde* au *Roy* contre les Flamands.

Ce qu'il faut démontrer.

III

Nicole Gilles, en ses *Annales de France*, publiées en 1492 — l'année même de la découverte de l'Amérique — rapporte :

« Environ ce temps (vers 1338), en ensuyvant le privilége de Loys Hutin, roy de France et de Navarre, présent ledit roy Philippe de Valois, qui s'y accorda, que l'on ne pourroit imposer ne lever taille en France sur le peuple si urgente ou évidente ntilité ne le requeroit et de l'octroy des gens des Estats. »

L'assertion de Nicole Gilles — ses *Annales* eurent dix-sept éditions en un siècle — ne fut jamais contestée; elle fut confirmée, au contraire, en 1576, aux Etats de Blois, par le Cahier du clergé (art. 429), qui demandait au Roy de renouveler l'ordonnance faite aux Etats, du temps « de Philippe de Valois, de l'an 1338, qui portoit qu'il ne seroit fait aucun impôt sur ses sujets, sans leur consentement. »

IV

Sous Charles VII, le «roitelet de Bourges,» la nationalité française que sauvera bientôt une femme sortie du « commun peuple » est à la veille de sombrer ;

Le pays, ruiné par « les pilleries et robberies » des gens de guerre, est sur le point de disparaître dans le gouffre d'une administration sans contrôle;

Les Etats de la langue d'Oil et de la langue d'Oc sont convoqués à Mehun-sur-Yèvre. Il s'agissait pour le royal amant d'Agnès Sorel, d'obtenir des députés « un fonds suffisant pour la solde des troupes, seul moyen de prévenir le brigandage dont on gémissait et qui empêchait le peuple, dit la *Chronique de la Pucelle*, de *contribuer* autant que le salut de la France l'eut commandé. »

Les députés — rapporte le même chroniqueur — promirent d'accorder de fort bon cœur une taille générale au Roi, pourvu qu'il lui plût de communiquer les dispositions et les moyens dont il prétendait se servir pour arrêter les pilleries et robberies de ses troupes — *et non autrement.*

« Réformez les abus de votre gouvernement et nous voterons des subsides ; sinon — non ! » Tel était, en somme, le langage tenu, en 1425, par les représentants du commun peuple.

Un des favoris, le sire de Giac, proposa à Charles VII de jeter à l'eau les faiseurs de remontrances ; quelque temps après, le sire de Giac, coupable d'avoir opéré des *virements*, subit le sort dont il avait menacé les députés. Et cependant le sire de Giac n'avait pas employé les fonds de Trésor à des opérations de Bourse !

V

Le droit des Etats va s'affirmant ;

En 1427, le comte de Foix n'obtient des Etats de Languedoc qu'un subside de 150,000 livres ; il trouve insuffisante la somme votée par les Etats et, de sa propre autorité, il lève un impôt de 22,000 livres ;

Toute la province proteste contre cet impôt levé arbitrairement par le lieutenant du roi. Des ambassadeurs sont envoyés vers Charles VII et lui remontrent que « de tout temps, ils estoient en telle liberté et franchise qu'aucune ayde ou taille ne doit, de par le Roi, être sur eux imposée, à quelque cause que ce soit, sans premièrement appeler à ce et faire assembler le conseil et les députés des trois Etats »

Le Roi se soumet et suspend la perception des 22,000 livres ;

Quelle confirmation plus éclatante de la liberté du vote de l'impôt ?

VI

La Royauté, par une manœuvre dont l'invention ne date pas, paraît-il, de notre temps, faisait aux députés, pour en obtenir des subsides, les plus belles promesses sauf à les oublier dès que les subsides étaient votés.

Aussi, les Etats finirent-ils par ne plus répondre aux convocations de S. M. Charles VII. Le Roi à qui les députés du « commun peuple » coupaient ainsi les vivres, fut obligé de se soumettre.

Les députés des deux langues furent mandés, le 1er octobre 1428, à Chinon. Les lettres royales de convocations sont curieuses ; le Roi ne leur demandait plus seulement des subsides ; il requérait aussi leurs conseils ; il baillait ordre « aux gens d'Eglise, nobles accoutumés d'être mandés et députés des bonnes villes de se trouver à Chinon, toutes excusations cessantes, pour *conseiller*, besogner et consentir de leur part tout ce qui sera *advisé, délibéré et conclu* en ladite assemblée il entend déterminer et appointer de tous les grands affaires du Royaume et Dauphiné et à laquelle un chacun des assistants aura franche liberté d'acquitter sa loyauté et de dire, pour le bien des besognes, tout ce que bon lui semblera. »

Des Etats-Généraux était sorti le droit de voter l'impôt ;

Du droit de voter l'impôt découlait la souveraineté nationale ;

Si la Royauté avait tenu ses promesses, le régime constitutionnel et parlementaire était fondé ;

Mais, comment s'étonner de voir la Royauté faire avorter ces germes féconds lorsque, sous nos yeux, en plein dix-neuvième siècle, des Présidents de République refusent aux représentants du peuple le droit d'imposer au pouvoir une politique nationale et libérale ?

VII

Les trois ordres de l'Etat sont unanimes à réclamer le libre vote de l'impôt. Sous le victorieux Charles VII lui-même, en 1441, nous voyons la haute noblesse, assemblée à Nevers, présenter au Roi un cahier de remontrances dans lequel elle insiste sur la nécessité de consulter les Etats. Que répond le Roi ? Conteste-t-il aux Etats le droit de voter l'impôt ? Il n'a garde. Il prétexte qu'une partie considérable du territoire est envahi par l'ennemi, prétexte commode et employé de tout temps pour s'opposer à la volonté nationale.

Mais, les despotes passent ;

Le peuple reste.

Et quand le mal devient trop grand, quand la force opprime le droit, les poètes populaires font entendre les doléances que le bâillon étouffe dans la bouche des parlements.

Sous Louis XI, Villon chante :

> Que dit Paris ? — Il est muet et sourd.
> N'ose-t-il parler ? — Nenni, ne parlement.
> Et le clergé ? — On le tient bien de court.
> Par votre foy ? — Oui par mon sacrement.
> Et la noblesse ? — Elle vit pirement.
> Et la justice ? — Elle n'a poids ne bálance,
> Qui peut pourvoir à ceci bonnement ?
> Qui ? Voire qui ? Les trois Etats de France.
>
> Prince, veuillez donner allégement.
> Aqui ? — Aux bons vivants en espérance.
> Dequoi ? — De droit qu'ont en gouvernement...
> Qui ? Voire qui ? — Les trois Etats de France.

Sans doute les Etats convoqués à Tours par Louis XI, en 1467, firent bon marché de leur droit de voter l'impôt ; mais, il est des heures où un peuple doit savoir tout sacrifier à son indépendance, même ses libertés.

Il s'agissait, comme le prouve le procés-verbal des Etats, de la *sûreté* du royaume et voilà pourquoi les députés de Tours créèrent, en quelque sorte, la dictature aux mains de Louis XI.

Il ne faut pas oublier, d'ailleurs, que dans cette assemblée, un des députés, Juvénal des Ursins, s'éleva vigoureusement contre l'aggravation des impôts, l'élévation des pensions et le défaut de contrôle dans les dépenses.

Une assemblée qui combat si énergiquement les

abus n'abdique pas et ce droit de contrôler la dépense implique nécessairement celui de voter la recette.

VIII

Curieux rapprochement : c'est pendant que les députés semblent faire abandon de leurs droits entre les mains de la Royauté que Villon chante sa ballade des trois Etats et que Philippe de Commines rappelle en ces termes leurs prérogatives :

« Donc pour continuer mon propos, il y a il roy ne
» seigneur sur terre qui ayt povoir, oultre son do-
» maine, de mettre ung denier sur ses subjectz, sans
» octroy et consentement de ceulx qui le doibvent
» payer, sinon par tyrannie ou viollence ? On pourroit
» respondre qu'il y a des saisons qu'il ne fault pas
» attendre l'Assemblée, et que la chose serait trop
» longue à commencer la guerre et à l'entreprendre.
» Ne se fault pas tant haster ; on a assez temps ; et
» si vous dis que les roys et princes en sont trop plus
» fors quant ilz entreprennent du conseil de leurs
» subjectz, et en sont plus craintz de leurs ennemys.
» Et quant se vient à soi deffendre, on voit venir ceste
» nuée de loing, especiallement quant c'est d'estran-
» giers ; et à cela ne doibvent les bons subjectz riens
» plaindre ne refuser et ne sçaurait advenir cas si
» soubdain où l'on ne puisse bien appeller quelques
» ungs et personnaiges telz que l'on puisse dire :
» *Il n'est pas faict sans cause;* et en cela ne user point
» de fiction, ne entretenir une petite guerre à volonté
» et sans propos, pour avoir cause de lever argent...
» ... Or, selon mon advis, entre toutes les seigneu-
» ries du monde dont j'ay connaissance, où la chose
» publique est mieulx traitée, où règne moins de
» viollence sur le peuple, où il n'y a nulz édifices
» abbatuz ne desmolis pour guerre, c'est Angleterre ;
» et tombe le sort et le malheur sur ceux qui font la
» guerre.
» Nostre roy est le seigneur du monde qui moins à

» cause de user de ce mot : *J'ai privilége de lever sur*
» *mes sujectz ce qui me plaist*; car, ne luy ne aultre ne
» l'a, et ne luy font nul honneur ceulx qui ainsi le
» dient pour le faire plus grand, mais le font hayr et
» craindre aux voisins qui, pour rien, ne vouldroient
» estre soubz sa seigneurie et mesme aucuns du
» royaulme s'en passeroient bien qui en tiennent...
» Et, pour parler de l'expérience, de la bonté des
» Français, ne fault alléguer, pour uostre temps, que
» les trois Estatz tenuz à Tours, après le décès de
» nostre bon maîstre le roy Loys (à qui Dieu face
» pardon).
« L'on povoit estimer, lors, que ceste assemblée es-
« toit dangereuse, et disoient quelques ungs de petite
« condition et de petite vertu et ont dict par plusieurs
« fois depuis que c'est crime de lèze-majesté que de
« parler d'assembler Estats.....

. . . , ...

« Et suppliérent lesdits Estats que au bout de deux
« ans ilz fussent rassemblez, et que, si le Roy
« n'avait assez argent, qu'ilz luy en bailleraient à son
« plaisir ; que s'il avoit guerres ou quelqu'un qui le
« voulsit offenser, qu'ilz y mettroient leurs personnes
« et leurs biens, sans riens luy refuser de ce qui luy
« seroit besoing. Est-ce donc sur tels subjectz que le
« Roy doibt alléguer privilége de povoir prendre à son
« plaisir, qui si liberallement luy donnent ? Ne seroit-
« il plus juste envers Dieu et le monde de lever par
« cette forme que par voulenté désordonnée ? Car, nul
« prince ne le peult autrement lever que par aultruy,
« comme j'ai dict, si n'est par tyrannie et qu'il ne soit
« excommunié. »

IX

« Si les Gaulois étaient d'accord entre eux, disait
César, l'univers entier ne pourrait leur résister. »

A ces revendications, la Royauté ne résista pas.

D'ailleurs, Anne de Beaujeu « fine femme et déliée

s'il en fut oncques, dit Brantôme, et vraye image en tout du roy Louis, son père » devait chercher, dans les Etats, un point d'appui contre les grands vassaux et les « méchants conseillers » du feu Roi

Les Etats s'assemblèrent à Montilz-les-Tours, de tous les points des provinces. « Le roy — dit le chancelier — voulait connaître les abus ; il avait résolu d'apprendre — de la bouche même des députés — les prévarications et les violences des délégués de l'autorité publique ; il désirait entendre tous les griefs pour les redresser et réformer l'Etat. Dans cette œuvre, il comptait que les représentants du pays seraient ses plus actifs coopérateurs. »

Heureux temps, où le Pouvoir prenait pour conseillers et collaborateurs les représentants du pays !

Cependant, il ne se faut point fier aux promesses des Gouvernements ;

Un des hommes les plus éloquents des Etats, Masselin, fut écarté de la salle où se débattaient les questions de finances, questions capitales dès ce temps-là ; car, Masselin, ainsi exclu de la *commission du budget,* ne peut s'empêcher de s'écrier dans le compte-rendu qu'il nous a laissé des Etats : *Hic labor, hic opus est.* « Toute la politique — a dit Proudhon — se réduit à une question d'impôt. »

Masselin prit la parole ; il fit ressortir, à la barbe des princes et des courtisans, qu'il n'y avait pas plus de quatre ordres de dépenses nécessaires auxquelles devait pourvoir l'impôt levé sur le peuple : « la maison du roi, le traitement des officiers de justice, l'entretien des gens d'armes et les diverses pensions. »

Les courtisans et les conseillers murmuraient : les députés voulaient connaître des secrets de l'Etat !......

Un député proposa de voter au Gouvernement de Charles VIII, le dernier budget du roi Charles VII.

Masselin appuya la proposition : « Cet impôt — dit-il en finissant — ne sera levé que pendant deux années, après lesquelles les Etats seront assemblés comme aujourd'hui pour discuter les besoins de l'Etat et si, alors, ils en reconnaissent l'utilité, la somme que nous venons de fixer sera diminuée ou augmentée. »

C'était demander la périodicité des Etats; c'était fonder la monarchie parlementaire;

Mais les gouvernants n'ont jamais eu de goût pour ce régime.

X

Le chancelier, orateur du Gouvernement, fit appel au *péril social;* il conclut en demandant un supplément de 300,000 livres et en signifiant aux députés qu'ils eussent à se réunir sur-le-champ « non — dit-il — pour délibérer, mais pour remercier le roi des grâces qu'il leur avait faites. »

Hélas ! les députés avaient voté l'impôt sans prendre leurs *garanties;* on les congédiait !

Ils résistaient ; ils furent circonvenus par les nobles et les évêques; ceux-ci leur firent entendre que « la résistance deviendrait séditieuse. »

A ce langage menaçant, les députés répondirent que « personne ne devait être surpris ou irrité de ce qu'ayant reçu un mandat du peuple, s'étant chargés de sa cause et ayant juré de la soutenir, ils la défendissent de toutes leurs forces, alors surtout qu'il s'agissait de la perpétuité des tailles, odieuses à la nation. Ils rappelaient avec force qu'ils étaient, avant tout, les mandataires du peuple, (1) et qu'ils porteraient le poids d'une terrible responsabilité s'ils désertaient sa cause, en réprimant le cri de leur propre conscience. »

Les nobles répondaient « qu'un roi était fait pour gouverner, et qu'il pouvait prendre, pour les besoins du royaume, tous les biens de ses sujets.» L'un d'eux ajouta· «Moi, je connais les vilains et les manants. Ils ne doivent pas entrevoir la liberté ; il leur faut le joug ! »

Les députés n'en revendiquèrent qu'avec plus d'énergie le droit de voter l'impôt : « Le jour où il plaira au roi de nous recevoir...... nous rendrons évident à tous

---

(1) Procuratores populi, dit le Journal de Masselin.

qu'il n'est point permis au Roi de prendre les biens de ses sujets contre l'avis commun des Etats. »

« Oui ! — s'écria Masselin devant les Etats assemblés — le peuple, sous la Monarchie, est souverain propriétaire des biens qu'il possède et il n'est pas permis de les lui enlever lorsque, tout entier, il s'y oppose. Il est d'une condition libre ; il n'est point *esclave*, mais *sujet*..... »

Et, soulevant indirectement le droit à la résistance, l'éloquent député de Rouen poursuivit :

« Que sert d'invoquer le passé !

« N'avons-nous pas été assemblés pour réformer les désordres du dernier règne ? Veut-on nous forcer à proclamer que de l'abus nait un droit ?... Loin de nous la pensée d'humilier la Royauté ; mais nous sommes persuadés que l'intérêt des sujets est l'intérêt des gouvernants, qu'en gérant scrupuleusement les affaires publiques nous rendons service au Roy en même temps qu'au Royaume. »

Malgré ces revendications éloquentes, tout finit par une transaction. La politique est elle autre chose ?

A la fin de son discours, Masselin lui-même offrit au roi 1,200,000 livres pour chacune des deux premières années et 300,000 livves comme don de joyeux avénement.

L'auteur de l'excellente *Histoire des Etats généraux*, dont nous venons de résumer quelques magnifiques pages, ajoute :

« En votant l'impôt avant d'avoir obtenu des rè formes, les députés perdaient toute autorité ; maîtres la veille de la situation, les députés devenaient, dès lors, des instruments inutiles. »

L'Histoire a des recommencements ; ce qui se passait le 23 février 1483, peut se passer de nouveau demain ; puissent demain, comme alors, les Etats de France trouver, dans les représentants du « commun peuple, » un orateur aussi éloquent, aussi avisé que Masselin ; puissent les mandataires de 1877 montrer plus de persévérance, plus de fermeté que les mandataires de 1483 !

Le gouvernement de Charles VIII avait obtenu le vote de l'impôt ; son but était atteint ; le chancelier vint signifier leur congé aux députés.

Ceux-ci étaient pris pour dupes ; leur indignation éclata :

» Depuis qu'on a obtenu notre consentement pour la levée des deniers, s'écria l'un d'eux, il est hors de doute que nous sommes joués. »

Ils virent bien que tous les anciens impôts allaient être maintenus sous des noms nouveaux et qu'aucune réforme ne serait faite.

« Malédiction de Dieu, exécration des hommes, poursuivit leur orateur, sur ceux dont les actions et les complots ont produit ces malheurs ! Ils sont les ennemis les plus dangereux de la nation et du gouvernement. N'ont-ils pas de conscience de nous prendre ainsi, malgré nous, ce qui nous appartient, et contre une convention solennelle, sans que l'Etat coure de dangers, sans nécessité quelconque ? Dites, ravisseurs publics, détestables ministres d'une puissance tyrannique, est-ce le moyen de faire prospérer la nation ? »

Petit à petit, la lassitude gagna les députés, les défections se multiplièrent. L'admirable tentative des Etats de Tours avait échoué.

Mais, le principe du libre vote de l'impôt avait été plus catégoriquement affirmé que jamais ;

C'est ce principe dont la Révolution française n'a été que l'explosion ; de cette Révolution, Masselin fut un des grands précurseurs.

XI

Pour faire prévaloir la politique des Etats contre les prétentions du gouvernement, qu'elle est la tactique qu'auraient dû suivre les députés de Tours ?

Il fallait refuser les subsides — nous dirions aujourd'hui le *budget*—jusqu'au jour où le chef de l'Etat eut consenti à renvoyer ses conseillers pour s'entourer de conseillers favorables aux vues de l'Assemblée.

Mais, dans l'Assemblée, s'était formé un groupe considérable qui voulait donner les princes pour conseillers au roi mineur ; c'est cette opinion servile qui prévalut malgré l'admirable discours de Philippe Pot, seigneur de la Roche et sénéchal de Bourgogne :

« ... N'abandonnons pas, dit-il, le salut de l'Etat à l'arbitraire d'une oligarchie ; ; car, qui nous garantit que les princes seront toujours justes et bons ? En cette circonstance comme toujours, il faut fixer une règle et tracer une conduite ;

« Or, il est constant que la royauté est une dignité, non la propriété du prince : l'histoire raconte qu'à l'origine, le peuple souverain créa les rois par son suffrage et qu'il préféra particulièrement les hommes qui surpassaient les autres en vertu et en habileté.....

« Qui ne sait et qui ne répète que l'Etat est la chose du peuple ? (1) S'il en est ainsi, comment le peuple pourrait-il en abandonner le soin ? Comment de vils flatteurs attribuent-ils la souveraineté au prince qui n'existe lui-même que par le peuple ?

« Dès lors, quelle est la puissance, en France, qui a le droit de régler la marche des affaires quand le Roi est incapable de gouverner? Evidemment cette charge ne retourne ni à un prince, ni au conseil des princes, mais au peuple, *donateur du pouvoir*. Le peuple a deux fois le droit de diriger ses affaires : parce qu'il en est le maître et parce qu'il est toujours victime, en dernière analyse, d'un mauvais gouvernement.. Il n'a pas le droit de régner ; mais, entendez le bien, il a le droit d'administrer le royaume par ceux qu'il a élus...

« J'appelle Peuple, non seulement la plèbe et les vilains, mais encore tous les hommes de chaque ordre, à ce point que sous le nom d'Etats-Généraux, je comprends même les princes... Ainsi vous, députés, vous

____

(1) RES PUBLICA.

êtes les dépositaires de la volonté de tous... Dès lors, pourqnoi craignez-vous d'organiser le gouvernement?...

«... Aujourd'hui que les Etats sont réunis, toute autorité est revenue à eux... Rien n'a force sans votre sanction, aucune institution ne subsiste légalement si elle n'est établie par vous ou conforme à votre volonté régulièrement exprimée.»

Et précisant le but de son argumentation, Philippe Pot déclarait aux Etats que s'ils votaieut l'impôt avant d'avoir obtenu le changement des conseillers qui entouraient le Pouvoir, leur but serait manqué :

« Sans un conseil émané de vous, que deviendront vos travaux? Qui, je vous prie, entendra vos plaintes? Qui jugera vos doléances?

«... Ne vous montrez pas plus faibles que vos pères; craignez qu'un jour, la postérité vous condamne pour avoir perdu l'Etat et qu'au lieu de la gloire qui serait due à vos travaux, vous n'emportiez un opprobre éternel. »

Admirable langage qui, aujourd'hui encore, après les fulgurants éclats d'éloquence qui jaillirent des orages de notre grande Révolution, éblouirait l'auditoire sceptique et blasé qui se presse aux pieds de la tribune française! Pressentiments d'un généreux esprit qui, il y a quatre cents ans, formulait cet axiôme de la Royauté constitutionnelle : *Le Roi règne et ne gouverne pas* et jetait aux calomniateurs de ces temps reculés cette définition du Peuple qui est restée : *Le peuple, c'est l'universalité des citoyens* , y compris les Princes!

Graves leçons que le passé léguait à l'avenir!

XII

Les députés s'étaient séparés;

Mais, avant de retourner dans leur province, ils avaient voulu stipuler pour l'avenir, dans un cahier spécial de doléances, que la Royauté n'aurait le droit de lever aucuns nouveaux subsides sans le vote préalable des Etats : « Les ditz estats n'entendent point, dit le cahier, que, d'ores en avant, on mette sus aucune somme de deniers sans les appeler et que ce soit de leur vouloir et consentement, en gardant et observant les libertés et priviléges de ce royaume, et que les nouvelletez, griefz et mauvaises introductions qui, par cy devant, puis certains temps en ça, ont été faictes soient répairéez. »

Le fier langage de Masselin et de Philippe Pot eut un autre résultat : le chancelier, au nom du Gouvernement, retira spontanément « les paroles qui paraîtraient exagérer le pouvoir du roi et la dépendance du peuple. » Tant il est vrai que la dignité d'un parti impose à ses plus implacables adversaires et leur arrache ce que les complaisances les plus serviles n'en sauraient obtenir.

XIII

C'est quand elle est acculée au bord du gouffre creusé par le déficit que la Royauté appelle les Etats-généraux à son aide — les Etats-généraux, disait Philippe Pot, c'est-à-dire le Peuple ;

Or, un jour viendra que le Peuple, las de sa misère de quatorze siècles, jettera la Royauté dans le gouffre.....

Et la Révolution sera faite.

C'est quand le déficit est si profond qu'elle ne le peut combler, que la Royauté convoque les mandataires du « commun peuple. »

Il faut avouer que la fière attitude du tiers aux Etats de Tours ne pouvait pas donner à la Royauté le goût des convocations fréquentes. Aussi lorsqu'en 1560, sous la régence de Catherine de Médicis, les Etats se réunirent à Orléans, le chancelier de l'Hospital pût-il dire que les Etats-Généraux avaient été « délaissés depuis quatre-vingts ans, de telle sorte que mémoire d'homme n'y pouvait atteindre. »

Louis XII avait été bon ménager des derniers de ses peuples dont il fut appelé le père avec bien plus de raison que son aventureux successeur ne devait être proclamé « le père des lettres. »

Vers la fin du règne de François Ier dont les chevaleresques folies avaient ruiné la France, le sentiment national se réveille. En 1546, l'ambassadeur vénitien à la cour de France, Marino Cavalli, signale les premiers symptômes d'opposition au despotisme royal : « La chose est allée si loin, écrit-il, que quelques Français qui voient un peu plus clair que les autres, disent : Nos rois s'appelaient jadis : *reges Francorum;* à présent on peut les appeler : *reges servorum.* »

François Ier n'était pas homme à reconnaître à ses sujets le droit de lui octroyer des subsides. Il prenait à sa guise. C'est Sully qui nous l'apprend : « Mais qui pis fut encore, dit-il dans ses *Œconomies*, François Ier laissa en instruction et en pratiques à ses successeurs de ne requérir plus le consentement des peuples pour obtenir des secours et des assistances d'eux, ains de les ordonner de pleine puissance et auctorité royale, sans alléguer autre cause ni raison que celle de : *tel est notre bon plaisir.* »

Sous Henri II, quelques émeutes éclatent : on réclame les Etats-Généraux.

Le Roi était ruiné ;

En 1558, il convoque les Etats au Palais — Etats restreints ou, plutôt, assemblée de notables ; car le tiers n'y était représenté que par les maires et échevins — réunion de fonctionnaires d'où ne pouvait se dégager aucune aspiration populaire.

La Royauté voulait contracter un « emprunt forcé » de trois millions d'écus d'or et faire dresser les « rolles » par les députés. Ceux-ci refusèrent !

Le clergé fut taxé à un million ; les « bonnes villes » à deux milions. La Royauté eut son compte.

XIV

Henri II mort, le pouvoir tomba aux mains d'un roi mineur, François II, c'est à dire aux mains d'une régente ;

Qui dit régence dit désordre et misère ;

En France, le pouvoir ne tombe pas impunément aux mains d'une femme !

La détresse était telle qu'il fallut convoquer les Etats ; ils se réunirent à Orléans. Dans son discours, le chancelier de l'Hospital avoua un déficit de 43 millions et 6 ou 7 mille livres. Les revenus du trésor ne s'élevaient qu'à quinze millions.

Les plus savants avaient beau « remettre en leur mémoyre ce que les historiens des anciens avaient pu délaisser de l'antiquité pour témoignage des hauts faits des princes de leur temps » il ne trouvaient « qu'il y ait eu oncques monarque » qui ait laissé après lui de si « excessives dettes. »

Le chancelier indiqua, comme ressource, la vente des biens du clergé.

Les trois ordres votèrent des ressources ; mais, le principe du libre vote de l'impôt fut énergiquement revendiqué par les députés de la noblesse et du Tiers : « Plaise au roi pour l'avenir — dit la noblesse de Paris — n'imposer nouveaux tributs sans avoir, au préalable, assemblé les trois Etats-Généraux — spécialement durant la minorité et bas-âge dudit seigneur... »

Les Etats de Pontoise, allant plus loin que ceux d'Orléans, voulaient donner, au principe du vote de l'impôt, une sorte de force rétroactive et réclamèrent une déclaration annulant toutes les taxes mises sur le Royaume « sans le consentement des subjects depuis la réduction faicte aux derniers Estatz de Tours. »

Ce vœu, en faveur du libre vote de l'impôt, incessamment renouvelé, reçut enfin force de loi et fut inscrit dans l'ordonnance d'Orléans qui, transcrivant un des articles du Cahier du Tiers, déclara : « En toutes assemblées où se fera octroi de deniers, les trois Etats s'accorderont de la quote-part et portion que chacun desdits Etats portera. Et ne le pourront le clergé et la noblesse seuls comme faisant la plus grande partie. »

Par cette dernière disposition était réglée en quelque sorte d'avance la question qui devait passionner si vivement la Révolution à ses débuts, la question du vote « par têtes » et non « par ordres. »

Les députés demandent la périodicité des Etats ; la noblesse ne demandait que la convocation décennale ; le Tiers-Etat demande que les députés se réunissent tous les deux ans.

Toutes les fois que la couronne tombera aux mains d'un roi mineur, la noblesse veut que les Etats-Généraux puissent se réunir de plein droit.

Ils vont jusqu'à revendiquer le droit de paix et de guerre.

Au XVIe siècle, la Révolution était déjà faite dans les esprits ;

Il faudra plus de deux cents ans pour qu'elle se réalise dans les faits ;

Le progrès va sûrement, mais lentement — surtout sous les Monarchies.

XV

« La couronne de France ne tombe jamais en quenouille. » C'était une maxime de notre ancien droit public.

Hélas ! elle y tombait à chaque régence — et la régence, c'était le sceptre aux mains d'une femme étrangère.

Anarchie, corruption, guerres civiles, dilapidations, ainsi pourrait-on résumer en quatre mots l'histoire de notre pays sous Catherine de Médicis.

En 1576, seize ans après les Etats d'Orléans, les peuples sont écrasés d'impôts, mais le Trésor est vide ;

M. de Nicolaï, premier président de la Chambre des comptes, en fait l'aveu au nom du roi : « La détresse du roi est si grande — dit-il — qu'il est contraint de recourir aux députés comme aux seuls médecins qui puissent le guérir de ses maux. »

Le roi était dans la nécessité toujours pénible de convoquer les Etats.

Cette convocation était réclamée par la nation : catholiques et protestants, peuple et noblesse, tous ne voyaient de salut que dans une réforme complète de l'Etat, réforme que l'on ne pouvait attendre que de la nation elle-même.

L'imprimerie était inventée; les pamphlets se multipliaient. Un des plus célèbres, *la France-Turquie*, indiquait pour la première fois, comme moyen d'amener la tyrannie des Valois à capitulation, le refus de l'impôt :

« Et néanmoins, jusqu'à ce que les Estats-Généraux soyent tenus en la forme requise, qu'il ne soit fourni aucuns deniers de tailles, subsides et autres deniers ordinaires et extraordinaires pour estre portez et rendus en lieu où ils puissent servir de cousteau aux ministres de Sa Majesté, pour nous coupper la gorge. »

Les députés, au nombre de trois cent vingt-six, se réunirent à Blois le 6 décembre 1576.

Le roi qui, en sa qualité de fils de la Florentine, était artiste et disert, ouvrit les Etats par un discours dont l'apparente franchise séduisit l'assemblée. Il promit, foi de roi, de faire inviolablement observer les ordonnances qui seraient faites selon le vœu des cahiers.

Le chancelier de Birague, un des secrets conseillers de la Saint-Barthélemy, fut encore plus insinuant; il fit l'éloge du peuple, l'ordre le plus utile de tous, « étant semblable aux nerfs et aux veines du corps qui lui donnent force et nourriture et sans lesquelles le corps ne se pourrait soutenir ». Il s'apitoya sur les misères du pauvre peuple... On parlait au Tiers-Etat de ses « veines »; on s'apprêtait à le saigner.

XVI

Pendant que l'éloquence royale essayait ses séductions sur l'Assemblée, la Royauté, au mépris formel de ses promesses des premiers jours, levait des impôts dans les provinces sans l'aveu des Etats et à leur insu. Dès que la nouvelle s'en fut répandue, l'exaspération des députés éclata. Pour arracher plus facilement aux paysans le paiement de leur cote, le roi lui-même avait signé les rôles des bailliages.

En même temps, il faisait dire aux députés que « sa nécessité était telle qu'il n'avait le plus souvent sa cuisine prête, ni son bois, ni sa chandelle, ni ses autres menues nécessités. »

Bientôt aux flatteries mielleuses des premiers jours, succédèrent les menaces. Le plus déconsidéré des mignons de Henri III vint dire aux députés du tiers qu'il « avait commandement de remontrer que le Roy trouvait fort étrange la longueur et dispute dont on usait anx affaires de peu d'importance » — « Le Pays, ajoutait-il d'un ton impérieux, veut et entend qu'on se diligente de conférer et aviser de faire fonds de finances suffisantes pour les grandes dettes et affaires de guerre qui se présentent. »

Le tiers, fidèle aux mandats qu'il avait reçus de dégrever le peuple et d'exiger des réformes, resta impassible. Le Roy vint en personne dans les réunious du tiers et ne parvint pas à l'ébranler. Les députés répondirent qu'ayant mission de réclamer des décharges, ils ne pouvaient discuter le choix de nouveanx impôts.

La cour, à bout de ressources, recourut à l'intimidation : elle envoya aux « bourgeois » un guerrier, le comte de Suze, pour leur imposer. M. de Suze manqua de prestige. Il avait allégué les nécessités de la guerre à faire aux protestants pour rétablir l'unité religieuse ; Hémar, le président du tiers, répliqua vigoureusement au terrible capitaine « qu'on ne demandait pas la guerre en demandant une seule religion, ce qui se pouvait faire par conciles et par réformation des abus. »

Le programme du tiers était bien simple : la paix et des réformes.

XVII

Le tiers voulait rétablir des finances en réduisant les dépenses. C'était prêcher l'économie à un dissipateur. « Qu'avait à faire le roi, dit l'auteur de l'*Histoire des États-Généraux*, d'économies à longue échéance ? Des sommes considérables à toucher de suite, de l'argent à gaspiller et des mignons à enrichir, voilà ce qu'il fallait à la cour. »

Le roi se réduisait, pour le moment, à ne demander que sept ou huit millions tout au plus ;

Le tiers répondait en proposant de lever une taxe sur les fermiers généraux et les gens de finance ; moyen de leur faire rendre gorge.

La cour était atterrée ; prières, menaces, tout était inutile. Le tiers, maître de la bourse, refusait d'en délier les cordons. Les «bourgeois» tenaient en échec la Royauté.

Quant à la noblesse, elle s'abritait derrière ses prérogatives ; elle ne voulait intervenir que pour stipuler les sacrifices qui seraient imposés aux «gens du commun.»

Le clergé voulait prendre des *garanties* pour que les deniers ne fussent pas misérablement dissipés comme par le passé «en découvrant les autels pour couvrir les dames de la cour.» Ainsi s'exprima l'archevêque de Lyon.

XVIII

La cour proposa une taxe unique à répartir par «feux» et dont le produit était estimé à 15 millions ;

Le tiers repoussa ce nouveau système d'impôt «comme étant tout-à-fait déraisonnable.»

M. de Norvillier, suivi des ducs d'Alençon et de

Nevers, se présenta dans l'Assemblée ; il y invoqua le *péril social*, suprême argument des Gouvernements aux abois : «Si les députés laissaient faire les protestants qui avaient les armes en main, d'ici peu de temps la religion catholique serait anéantie, l'autorité du roy grandement affaiblie et leurs biens pillés. » La religion, l'anarchie, la propriété ! Dans ce vocabulaire, qui ne reconnaîtrait le langage que tiennent les courtisans et les ducs de notre époque ?

D'un autre côté, on disait aux députés du tiers : «Si vous ne votez pas des subsides qui paiera les rentes sur l'hôtel-de-ville ?» On leur montrait le crédit s'effondrant, la banqueroute provoquant des séditions, la guerre civile, que sais-je encore ?

A ces raisonnements qui, paraît-il. sont de tous les temps, Bodin, l'auteur de la *République*, qui était député du tiers, répondit en invoquant l'intérêt général de la nation. La cour demandait deux millions ; il fallait prendre garde, dit Bodin, que les deux millions ne fussent levés de six mois en six mois, sans un nouveau vote des députés.

Versoris, le premier orateur du tiers, avait été gagné par la cour. Bodin prit la direction de l'Assemblée qui soutint jusqu'au bout le courageux publiciste

Bodin joue aux Etats de Blois le rôle éclatant qu'avaient assumé, aux Etats de Tours, Pot de La Roche et l'intrépide Masseliu.

XX

La cour désespérant d'amener les députés à ses fins par a persuasion, recourut à la corruption. Elle avait déjà acheté Versoris ; elle acheta deux orateurs influents, Hémar, de Bordeaux, et Bigot, de Normandie. Bigot et Hémar reçurent des pensions et des promesses.

En même temps, la cour agitait le spectre du *péril social*. Le surintendant des finances, Pomponne de

Bellièvre, se rendit à la rénuion du tiers : il montra la révolte éclatant sur plusieurs points, le salut public devenant la suprême loi du royaume et le roi dans la nécessité d'aliéner une partie du domaine.

Hémar et Bigot soutinrent, avec l'ardeur que déploient d'ordinaire les orateurs subventionnés, la nécessité de cette aliénation ;

Bodin l'emporta, en soutenant, conformément aux traditions du royaume, que « le roi n'était que simple usager du domaine, que le fonds appartenait au peuple », que les députés n'avaient pas reçu mandat de consentir cette aliénation.

« Ils ne me veulent secourir du leur, dit tristement le roi en apprenant le vote des députés, ni me permettre que je m'aide du mien ; voilà une trop énorme cruauté. »

Au demeurant, quel était le prétexte allégué par la cour pour exiger le vote de nouveaux impôts ? La guerre, le péril social ! En fin de compte, les deux premiers ordres, éclairés par la discussion et par la ferme attitude du tiers, se rangèrent à l'avis des « bourgeois » et votèrent pour la paix. Plus de guerre, partant plus de péril social et tout prétexte à de nouveaux impôts s'évanouissait !

Paix ! Tolérance ! Economie ! Liberté !

Ce programme de Bodin et des députés du « commun peuple » prévalut ; c'est encore aujourd'hui, trois siècles après les Etats de Blois, le programme de la démocratie.

Honneur à Bodin ! Gloire au Peuple !

XX

Quant au droit de voter l'impôt, Bodin et ses collègues du tiers venaient de le confirmer : car, le droit de voter l'impôt implique celui de le refuser et c'est ce que les députés du tiers venaient de faire en résistant aux prières, aux obsessions, à la corruption, aux menaces.

Le Clergé et le Tiers, dans leurs cahiers, rappelèrent la nécessité du consentement des Etats-Généraux « dont le droit ne se peut prescrire. »

« S'il advient, disait le clergé, qu'il soit besoin de lever subsides sur le peuple et sujets de Votre Majesté, semble que nulle imposition ne se peut faire sans assembler lesdits trois États, et sans déclarer les causes et nécessités du roi et du royaume, et que les gens desdits trois Etats ne se y consentent..., en façon que le roi aura cause de se contenter, pense toutefois que les deux Etats (clergé et noblesse) combien qu'ils soient d'accord, ne puissent lier le tiers. »

XXI

Le droit de voter l'impôt contient implicitement celui d'en contrôler l'emploi; or, surveiller l'emploi du produit de l'impôt, n'est-ce pas gouverner? Ainsi l'idée poursuit sa marche logique, fatale. Le vote de l'impôt mène droit à la souveraineté des Etats c'est-à-dire, comme le proclamait Philippe Pot aux Etats de Tours, à la souveraineté du peuple.

Déjà, à l'assemblée de Blois, le clergé veut réserver aux Etats le droit de faire la paix et de déclarer la guerre; déjà il demande que les conseillers du roi soient pris un tiers parmi le clergé, un tiers parmi la noblesse, un tiers parmi les députés du tiers-ordre.

Déjà la noblesse veut nommer une sorte de « commission du budget » composée de trente-six membres choisis parmi les députés des Etats pour exercer, dans l'ordre des finances, un contrôle souverain.

Déjà les députés exigent que leurs vœux soient transformés en ordonnances et aient force de loi; dès qu'on le laissera faire, dès que la Royauté tiendra ses engagements, le Peuple fera la loi. Mais, quand la Royauté tiendra-t-elle ses engagements? quand le peuple saura l'y contraindre : dans deux cents ans !

XXI

Les Etats provinciaux résistent avec autant d'énergie que les Etats-Généraux à l'insatiable avidité de la dynastie corrompue des Valois, et proclament les mêmes principes ;

Deux ans après les Etats de Blois, en 1578, aux Etats de la province de Normandie, un chanoine de Rouen, successeur du courageux Masselin, s'écrie ; « Jusques à quand sera-ce que le mauvais conseil fera croire au Roy qu'il peut, sans fin et sans mesure, lever deniers, mesme contre les priviléges et lois du pays, sans en demander l'avis à son peuple ? Jusques à quand aura tant lieu la flatterie qu'elle fera entendre au Roy qu'il n'est point tenu aux lois, au serment qu'il a fait à son sacre et à l'observation des contrats avec ses sujets ? »

Les actes furent aussi fermes que les paroles.

Les députés exprimèrent, dans le premier article de leur Cahier, le vœu que les impôts fussent remis sur le pied où ils étaient du temps de Louis XII. « En ce faisant, et non autrement, accordent les trois Estats, pour cette année seulement, la somme en quoy se montoit la taille, pour le pays de Normandie, du temps dudit Roy. »

Au mépris de la volonté si manifeste des Etats de Normandie, la Cour envoya de nombreux édits bursaux à la Cour des Aides et au Parlement de Rouen, et ces édits allaient être enregistrés lorsque les députés se transportèrent en corps au Palais-de-Justice pour former opposition entre les mains des magistrats. En même temps ils annoncèrent au Roi que, s'il persistait à faire appliquer ces édits « pernicieux, » ils s'y opposeraient « par toutes voies dues et à eux possibles. »

Cette menace, ils la maintinrent — malgré les commissaires du Roi.

Qu'allons-nous chercher dans l'antiquité classique ou parmi les nations étrangères des sujets d'admiration ?

Ce sont nos pères, c'est la France qu'il faut admirer, c'est le peuple luttant, pendant dix siècles, au péril de son corps et de ses biens, contre un despotisme que rien ne décourage, que rien n'abat, et qui. quand il semble mort, ressuscite sous d'autres noms et sous d'autres formes.

·XXII

A l'ouverture des premiers Etats de Blois, le déficit s'élève à 58 millions.

Douze années après, la misère du Roi est presqu'aussi pitoyable que celle de ses peuples ;

Sous prétexte de faire la guerre aux hérétiques, il convoque de nouveau les Etats à Blois et leur dépêche M. de Marle pour leur dépeindre sa détresse : son pourvoyeur refusait de fournir plus longtemps aux dépenses de la table ; les gens de sa chapelle le quittaient faute de gages. L'archevêque de Lyon, happant les députés à la sortie du cabinet du Roi, dans la salle d'attente, leur dit en leur montrant les conseillers :

« Messieurs, voici des gentilshommes qui disent que la marmite du Roy est renversée, si vous ne mettez ordre à la faire bouillir.» Les Etats, firent au Roi l'aumône de 30,000 écus.

C'était la Ligue—mélange de cléricalisme et de démocratie — qui avait impérieusement exigé la convocation des Etats ;

Le Roi reconnut qu'« il n'y avait que l'Etat même qui pût rémédier aux maux dont l'Etat était attaqué. »

Comme dans tous les moments de grande crise, le peuple était appelé à se sauver lui-même.

XXIII

Le 2 octobre 1588, les Etats étaient réunis à Blois ; à peine arrivés, les députés reçurent de leurs commettants la nouvelle que, dans plusieurs bailliages, on levait, au nom de la cour et sans leur assentiment, de nouveaux impôts ;

Le Roi était décidément, incorrigible. Les députés se hatèrent de rédiger des doléances contre les taxes arbitraires, doléances auxquelles la Royauté répondit par les promesses habituelles.

Plus tard, durant la session des Etats, le Roi interdit formellement, jusqu'au vote définitif des Etats, toute nouvelle levée de deniers.

Comme aux premiers Etats de Blois, les députés se déclarèrent contre la guerre et firent entendre qu'il fallait chercher l'augmentation des ressources, non dans des taxes nouvelles, mais dans l'économie et la réduction des prodigalités royales.

Avant tout, les députés exigeaient que le Roi éconduisît ses mauvais conseillers : « Les Etats ne feraient rien qu'ils ne fussent chassés.» C'était mettre le Gouvernement en demeure de changer ses ministres sous peine de se voir refuser le Budget !

Malgré les menaces, malgré les cajoleries du Roi, les députés furent intraitables.

Henri III crut que la résistance était inspirée aux députés par le duc de Guise ..

Il se résolut au Coup d'Etat;

L'Assemblée venait d'apprendre l'assassinat du duc de Guise lorsque le grand-prévôt, M. de Richelieu (c'était le père du futur cardinal) pénétra dans la salle suivi d'une multitude de soldats armés de piques et de hallebardes. Les députés protestèrent. Le grand-prévôt déclara qu'on avait voulu assassiner le Roi et que cinq députés étaient du complot: les députés incriminés, la Chapelle, Neuilly, Compan, Orléans et le Roy se présentèrent à l'appel de leurs noms; tous les députés voulurent suivre leurs collègues; Richelieu s'y opposa...

Quatre jours après, M. de la Guesle, Procureur-général, vint demander aux députés d'insérer dans leurs cahiers quelques articles pour flétrir le crime de lèze-majesté et répandre ainsi une *terreur* salutaire.

C'était demander aux députés d'aquiescer au Coup d'Etat, de ratifier le crime...

Un silence glacial accueillit la proposition du Procureur-général ;

Le lendemain, le tiers, d'accord avec la noblesse, refusa d'acquiescer...

Que fit le clergé? L'histoire se tait.

XXIV

Le Roi détenait cinq députés en ôtage ;

En lui remettant le cahier des doléances, Bernard, l'orateur du tiers, demanda la mise en liberté de ses collègues ;

Le Roi répondit qu'il avait le plus grand désir de donner satisfaction aux Etats, à la condition qu'ils voulussent vivre en son obéissance.

Il ajouta que « quelques choses étaient advenues « ces jours passés à son regret, mais que, contre son « naturel, il avait été forcé de faire ; qu'il n'y avait « aucun de ses sujets, hors de passion, qui, mettant « la main à sa conscience, ne dît que ce qui a été fait, « l'a été justement et qu'il ne pouvait faire autre-« ment. »

Eternelle excuse de tous les assassins qui entreprennent contre les assemblées; comme si les applaudissements de tout un peuple pourraient empêcher un crime d'être un crime !... Comme si l'absolution populaire elle-même, au lieu de justifier l'attentat, pourrait avoir d'autre effet que de le constater !...

Or, cette absolution, Henri III ne l'obtint pas et les députés se séparèrent les larmes aux yeux, avec beaucoup de regrets « des choses passées et appréhensions des périls et troubles prochains. » C'est ainsi que les coups d'Etat sauvent et rassurent un pays.

XXV

Les derniers Etats de Blois consacrent à leur tour le libre vote de l'impôt. Ils vont plus loin : ils proclament pour le contribuable le droit de refuser de payer l'impôt qui n'aurait pas été préalablement voté par les Etats ;

Nous lisons dans le cahier du tiers :

« Où il sera fait aucune levée, pour quelque cause que ce soit, sans le consentement des Etats-Généraux, soit permis aux communautés de s'opposer ; et jusqu'à ce que l'opposition soit levée aux Etats-Géuéraux, soit ladite levée sursise. »

La noblesse et le clergé réclamaient la transformation des pays d'électien en pays d'Etats et voulaient que, dans chaque province, l'impôt ne pût être perçu que du consentement des députés.

Les Etats étaient unanimes.

Quelques années après l'assassinat du duc de Guise et l'emprisonnement des députés dont le Valois assassin s'était fait des ótages pour arracher des subsides à leurs collègues, voici ce qu'écrivait Vincent Gelée, conseiller du Roi :

« Anciennement, les tailles n'estoient levées, sinon
» par le consentement des Estats, et pour urgentes
» affaires de la guerre, laquelle cessée, la levée des-
» dites aydes et tailles cessoit. Ce que je désirerois
» fort être observé si tost qu'il aura pleu à Dieu
» mettre fin aux présens troubles, ainsi qu'il fust
» accordé par le Roy Philippe de Valois, tenant ses
» Estats, en ensuyvant le privilége du Roy Louis
» Hutin, et mesme par le Roy Henry troisième aux
» Etats tenus à Bloys au commencement de l'année
» 1589. Car, je suis tesmoin, avecques aucuns de
» Messieurs des Comptes et plusieurs autres, lui avoir
» ouy dire aux députés des Estats, qu'il faisoit venir
» l'un après l'autre par devers luy, qu'il avoit inten-
» tion, après que les Estats luy auroient accordé ce

» qu'il seroit necessaire pour l'entretenement des dé-
» penses de sa maison et de son Estat Royal, paye-
» ment de ses garnisons et autres despences ordi-
» naires : qu'il ne feroit aucune levée de tailles sur
» son peuple sans le consentement des Estats et pour
» occasion de guerre survenant, laquelle finissant,
» cesseroit aussi la levée desdites tailles, et mesme
» promit que les deniers ne seroient maniez par ses
» officiers et comptables, áins par ceux qui à ce
» seroient commis par les Etats. Que s'il eust pleu à
» Dieu le conserver plus longuement en vie pour
» exécuter cette bonne promesse, c'eust été un grand
» bien pour la France. »

Ainsi, l'assassin de Blois lui-même reconnaissait comme légitime le vote de l'impôt et il se serait conformé, sur ce point, aux vieilles lois du royaume — s'il en avait eu le temps;

Un autre assassin l'en empêcha.

XXVII

Aux Etats de la Ligue, les députés de Rouen ont mandat de faire jurer au Roi l'observation de « la charte aux normands » et conformément à ce serment, « il ne pourra lever sur les habitants dudict pays aucunes tailles, aides, subsides ou impositions quelsconques extraordinaires, sinon par le consentement desdicts habitants et resolution qui en sera faicte par l'assemblée particulière des Estats dudict pays. »

Ainsi à toutes les époques, au milieu des malheurs, des misères, des catastrophes, sous les rois majeurs, sous les régences, dans les Etats-Généraux, dans les Etats-Provinciaux, l'éternelle revendication du droit est opposée virilement aux exigences, aux violences, aux fourberies du despotisme. Vote de l'impôt, périodicité des Etats, participation des députés aux affaires publiques, éloignement des mauvais conseillers du pouvoir, et, au besoin, si le pouvoir résiste, refus de l'impôt, voilà le programme du Tiers et ses moyens d'action ;

Avons nous mieux, aujourd'hui ?

XXVIII

Henri III mort, Henri IV n'eut pas mieux demandé que de convoquer une Assemblée nationale ; mais, le pouvait-il ? Les partisans de la Ligue tenaient encore une partie du pays ; les passions étaient allumées ou, pour parler le franc langage de d'Aubigné, « les cœurs des peuples n'estoient pas encore assez ployez à l'obéissance. »

Henri IV se contenta de convoquer les notables. Il se soumettait d'avance à leurs décisions : « Il fauldra « aussi adviser — disait-il dans sa lettre de convoca- « tion — où se pourra recouvrer ailleurs ce qui ne se « trouvera pas en nos finances, voulant espérer que « tous nos bons subjets.... se disposeront volontiers à « nous accommoder pour un temps de quelque partie « de leurs moyens pour sauver le surplus avec leur « patrie, de la conservation de laquelle despend celle « de leurs honneurs, de leur vie, de leurs femmes et « de leurs enfants. »

Et comme le vaillant et habile Béarnais avait toujours le mot à effet, il ajoutait :

« Il fault, maintenant, que nous resveillions tous en nos cœurs l'ancienne vertu françoise ! »

On le voit, Henri IV se mettait à la discrétion de la libéralité de ses sujets. Ce n'est pas lui qui leur eut contesté le droit de voter l'impôt.

Les notables, au nombre de quatre-vingts, se réunirent à Rouen le 14 octobre 1596.

La harangue que le Roi prononça devant eux est fameuse ; elle convient tellement à notre sujet que nous n'hésitons pas à la reproduire :

« Si je voulais acquérir, dit le Roi, le titre d'orateur,

« j'aurais appris quelque belle et longue harangue
« et la vous prononcerais avec assez de gravité ; mais,
« Messieurs, mon désir me pousse à de plus glorieux
« tiltres qui sont de m'appeller libérateur et restaura-
« teur de cet Estat. Pour à quoy parvenir je vous ay
« assemblez. Vous scavez à vos dépens, comme moy
« aux miens que, lorsque Dieu m'a appellé à ceste
« couronne, j'ay treuvé la France non-seulement quasi
« ruinée, mais presque toute perdue pour les Fran-
« çois... Par nos peines et labeurs, je l'ay sauvée de
« la perte : sauvons-la astheure de la ruine. Partici-
« pés, mes chers subjects, à cette gloire avecques moi,
« comme vous avés faict à la première. Je ne vous ai
« point appelléz, comme faisoient mes prédécesseurs,
« pour vous faire approuver leurs volontez ; je vous ay
« assemblez pour recevoir vos conseils, pour les crère,
« pour les suyvre, bref, pour me mettre en tutelle
« entre vos mains : envie qui ne prend guères au roys,
« aux barbes grises et aux victorieux comme moi. »

Je sais bien qu'à Gabrielle qui lui demandait ce
qu'il aurait fait si les notables l'avaient pris au mot,
Henri IV répondit : « N'avais-je point mon espée ? »

Il n'en est pas moins vrai que, soit par générosité
naturelle, soit par habileté, celui qui avait été le vain-
queur de ses sujets se mettait de lui-même entre leurs
mains. Il voulait, dans tous les cas, gagner le cœur du
peuple sachant qu'avec lui tout est possible tandis que
les « tyrannies violentes ne durent guères. »

L'Assemblée de Rouen, entrant dans les vues du
Roi, limita expressément à trois années la durée de
l'imposition et fixa d'avance à l'expiration de cette pé-
riode la tenue des Etats qui seraient chargés de pourvoir aux nécessités financières et aux réformes.

L'engagement en fut pris « sur l'heure » au nom
du roy ;

Il est vrai qu'il ne fût pas tenu.

L'assemblée des notables ne s'en était pas moins
montrée fidèle à la tradition nationale et au principe
de la liberté du vote de l'impôt.

XXIX

Si la sincérité des intentions d'Henri IV, si nettement exprimées devant les notables de Rouen, pouvait être suspectée, il suffirait de rappeler quelle était, en ces matières, l'opinion de son fidèle Sully :

« Les guerres entre la France et l'Angleterre estant estimées comme civiles, ainsi que le sont ordinairement celles d'entre les souverains et leurs vassaux, les rois de France n'en ont jamais pris le prétexte pour establir des tailles, subsides et impositions en levées ordinaires, ains se contentoient, pour subvenir aux despences de leurs guerres, des revenus et domaines ordinaires de leur royaume et de ce que les peuples, par les voix des trois Etats d'iceluy, leur accordoient volontairement et toujours suffisamment, *qui estoit une voye de bien convenable continuation* pour entretenir les roys et leurs subjects en bienveillance. »

XXX

Le principe est si bien établi désormais dans les esprits, qu'aux Etats de 1614 — les derniers qui aient été tenus avant ceux de 1789 — il ne vient à personne l'idée de le mettre en question.

Pendant cent soixante-quinze ans, le despotisme règne sans autre contrôle que celui des Parlements dont les lits de justice ont facilement raison. Louis XIV se considère comme le propriétaire des biens de tous ses sujets ; la flatterie va jusqu'à lui reconnaître le droit de disposer de leurs vies. Qu'importe ! La tradition nationale vit encore ; c'est un prélat de la cour du grand roi, Fénelon, qui s'en constitue le défenseur.

Déjà, en Angleterre, Locke, vers la fin du siècle, a écrit dans son *Gouvernement civil* : « Si quelqu'un prétendait avoir le pouvoir d'imposer et de lever des impôts sur le peuple de sa propre autorité et sans le consentement du peuple, il violerait la loi fondamen-

tale de la propriété et détruirait la fin du gouvernement. »

Le doux archevêque de Cambrai, le séduisant uto-
piste qui a rêvé la République de Salente concerte avec
le duc de Chevreuse un plan de gouvernement pour le
duc de Bourgogne, l'héritier présomptif. Ce projet de
Constitution porte la date de 1711.

Le paragraphe 3 est ainsi conçu :

Administration intérieure du Royaume.

« 1° Etablissement d'Assiette, qui est une petite assemblée de chaque diocèse, comme eu Languedoc, où
est l'évêque avec les seigneurs du pays et le Tiers-
Etat, qui règle la levée des impôts suivant le cadastre
et qui est subordonnée aux Etats de la Province.

. . . .

« 3° Impôts. Cessation de gabelle, grosses fermes,
capitation et dîmes royales. Suffisance des sommes que
les Etats lèveraient pour payer leur part de la somme
totale des charges de l'Etat. Ordre des Etats toujours
plus soulageant que celui des fermiers du Roi ou trai-
tans, sans l'inconvénient d'éterniser les impôts rui-
neux et de les rendre *arbitraires*...... Plus de finan-
ciers !

. . . .

« 5° Etablissement des Etats-Généraux... »
Fénelon veut que les Etats soient périodiques et se
tiennent tous les trois ans... pour continuer les délibé-
rations aussi longtemps qu'ils le jugeront nécessaire ;

Dans une lettre au duc de Chevreuse, Fénelon écrit
que le roi est « ruiné et décrédité. » Il ajoute : « C'est
la nation qui doit se sauver elle-même.... Je ne propose
point les Etats-Généraux qu'il serait capital de rétablir ; je me bonerais d'abord à une assemblée de notables... Non-seulement il s'agit de finir la guerre au-
dehors ; mais, il s'agit encore de rendre, au-dedans, du

pain aux peuples moribonds, de rétablir l'agriculture et le commerce, de réformer le luxe qui gangrène toutes les mœurs de la nation, *de se ressouvenir de la vraie forme du royaume*, et de tempérer le despotisme, cause de tous nos maux. »

On le voit : d'après Fénelon, la vraie forme du royaume c'était la monarchie tempérée par des Etats-Généraux presque souverains.

XXXI

Cinq ans plus tard, Saint-Simon propose au Régent de convoquer les Etats. Il constate le *prodigieux* effet que produirait sur la nation la convocation des députés : « La multitude ignorante, ajoute-t-il, qui croit les Etat-Généraux revêtus d'un grand Pouvoir, nagera dans la joie et vous bénira comme le restaurateur des droits anéantis de la nation. »

Ainsi, de l'aveu de ce duc et pair, la nation, en 1715, souhaitait la convocation des Etats. Ces prévisions de Saint-Simon ne furent-elles pas pleinement justifiées par l'explosion de joie qui salua la nouvelle de la convocation des Etats-Généraux de 89 ?

XXXII

Depuis longtemps, la Royauté ne se sauvait du déficit que par la banqueroute. Durant les 20 années qui précédent 89, elle est à l'agonie ; elle recourt à tous les expédients, à tous les charlatans et ne sait se réduire ; Law ne l'a pas sauvée ; qui donc la sauverait ? En 88, on parle de créer des assignats. Calonne devait tout sauver ; il a tout perdu. Le gouffre du déficit est béant : allons ! saute marquis !

« Il n'y a que l'Etat, avait dit Henri III, qui puisse rémédier aux maux de l'Etat. »

« C'est la nation, avait dit Fénelon, qui doit se sauver elle-même. »

Le 30 avril 1789 au soir, le déficit est de 123,410,921 livres ;

La Royauté convoque les Etats.

En 1760, dans sa *théorie de l'impôt*, livre pour lequel il fut mis à la Bastille, le marquis de Mirabeau revendiquait «le droit naturel et imprescriptible des peuples de concourir, par leur consentement, à la demande du prince en fait d'imposition.» Il ajoutait ces mots énergiques : «C'est de ce concours seul que peut naître la loi ; et toute levée, sans la loi et hors la loi, n'est que brigandage.»

En 1770, la cour des Aides adresse au Roi des remontrances, dans lesquelles nous lisons : «La propriété est le droit essentiel de tout peuple qui n'est pas esclave. L'impôt, souvent nécessaire, est néanmoins une dérogation à ce droit. Mais dans l'origine les impôts n'étaient établis que du consentement des peuples, donné dans les Assemblées des Etats. Que ces assemblées aient cessé d'avoir lieu, la condition du peuple n'a pas dû changer pour cela ; leurs droits sont aussi *imprescriptibles* que ceux du souverain.» Si, en ces matières, la prescription pouvait s'établir, de si éloquentes revendications ne suffiraient-elles pas à l'interrompre ?

Tous les cahiers, tant ceux de la noblesse et du clergé que ceux du tiers, revendiquent le vieux droit de ne payer d'autres impôts que ceux qui auront été librement consentis par les députés.

On n'attend pas de nous que nous relations ici les les vœux de tous les cahiers en ce qui concerne le vote de l'impôt ; il faudrait un volume.

Nous prenons les suivants dans le recueil de Prudhomme.

« A la nation assemblée en Etats-Généraux appartient exclusivement le droit de consentir les impôts et emprunts, d'en fixer la quotité, les conditions et la durée ; en conséquence, toutes indispositions mises ou prorogées sans cette condition ou accordées au gouvernement, hors des Etats-Généraux, par une ou plusieurs provinces, une ou plusieurs villes, une ou plusieurs communautés, seront nulles, illégales ; et il sera défendu, sous peine de concussion, de. les répartir, asseoir et lever. *(Cahier de la noblesse de Melun)*.

« Les subsides qui seront consentis par les Etats-Généraux, ne seront que pour le temps qui s'écoulera entre le dernier jour de la tenue prochaine et trois mois après le jour fixé pour l'assemblée suivante de la nation ; et toute personne qui aurait la témérité d'asseoir, répartir ou lever aucuns subsides dont le terme fixé par la nation serait expiré ou qui n'aurait point été consenti par elle, sera poursuivie et punie comme concussionnaire. *(Cahier de la noblesse d'Agénois)*.

« Les Etats-Généraux consacreront le droit inaltérable et exclusif de la nation d'établir des subsides, de les modifier, de les limiter, de les révoquer et d'en régler l'emploi. » *(Cahier du clergé d'Autun)*.

« Que les Etats-Généraux n'accordent aucun impôt avant qu'il n'ait été statué sur toutes leurs demandes et que les lois faites par eux n'aient reçu la sanction de l'adhésion royale. » *(Cahier du Clergé de Metz.)*

« Le clergé de la sénéchaussée d'Agénois... a l'honneur de demander..... par l'organe de ses députés aux Etats-Généraux :

.   .   .   .

« Art. 16. — La périodicité des Etats-Généraux qui sera déterminée par le Roi et la Nation et que cette périodicité soit assurée en fixant la durée de l'impôt jusqu'à l'époque de la première convocation. » *(Cahier du Clergé d'Agénois.)*

« La Nation rentrant dans son droit d'Assemblée générale, les Etats-Généraux rentreront dans la plénitude de leurs fonctions ; ils seront le conseil le plus intime du souverain, le seul avec lequel il délibèrera et rédigera toutes les lois, les ordonnances, les règlements, ainsi que tous les impôts et tous les emprunts qu'il sera nécessaire d'établir ou de proroger...

« Le bien que la nation attend des Etats-Généraux se réduirait à peu de chose si une périodicité de ces

Etats n'en assurait la permanence ; il sera donc statué qu'à des époques fixées par ces mêmes Etats-Généraux....., le retour périodique sera convoqué et que la perception des impôts ne pourra outrepasser que d'un an le retour de l'Assemblée, sans qu'aucun tribunal puisse en autoriser la prorogation. » (*Cahier du Tiers-Etat d'Agénois.*)

XXXIII

Ce principe devint un des principes de 89 ; le 11 août 1789, l'Assemblée constituante posait en principe que « chaque citoyen a le droit, par lui-même ou par ses représentants, de contester la nécessité de la contribution publique et de la consentir librement, d'en faire l'emploi et d'en déterminer la quotité, l'assiette et la durée. » C'était le résumé lumineux des Cahiers.

Il fut proclamé dans les Déclarations des Droits de l'Homme et du Citoyen qui formèrent le préambule de toutes nos Constitutions ;

Nous le trouvons proclamé dans la *déclaration des droits de l'homme*, de 1793, sous cette formule :

« *Nulle contribution ne peut être établie que pour l'utilité générale. Tous les citoyens ont droit de concourir à l'établissement des contributions, d'en surveiller l'emploi et de s'en faire rendre compte.* »

La Charte de 1814 reconnaissait la nécessité du consentement de l'impôt :

« Art. 48. — Aucun impôt ne peut être établi ni perçu s'il n'a été consenti par les deux Chambres et sanctionné par le Roi.

« Art. 49. — L'impôt foncier n'est consenti que pour un an. Les impositions indirectes peuvent l'être pour plusieurs années. »

La Constitution de 1852, dans son article premier, « reconnaît, confirme et garantit les grands principes proclamés en 1789 et qui sont la base du droit public des Français ; »

Dans son article 39 , elle confirme expressément aux représentants du pays le droit de voter l'impôt : « le Corps législatif discute et vote les projets de loi et l'impôt. »

Mais, dira-t-on, qu'importent ces études rétrospectives ? La Constitution de 1852 n'est plus ; il y a longtemps que la Charte a cessé d'être une vérité ; les principes de 89 sont des principes néfastes, et les cahiers et doléances des États-Généraux ne sont que des souvenirs qu'on exhume à grand'peine de la poussière qui les recouvre. La France n'est plus gouvernée par Louis-le-Hutin......

Cela est vrai ;

Mais, la Constitution dont la garde est confiée à la loyauté de M. le maréchal de Mac-Mahon n'est pas, que nous sachions, tombée en désuétude. Elle est la base des institutions qui nous régissent, le pacte fondamental rédigé par une Assemblée en majorité monarchique et signé par tous les partis.

La Constitution actuelle, article 8, dispose :

Les lois de finances doivent être, en premier lieu, présentées à la Chambre des députés et votées par elle.

Est-ce clair ?

Enfin, l'article dernier de la loi annuelle de finances est ainsi conçu :

« Toutes contributions directes ou indirectes autres
« que celles autorisées par la présente loi, à quelque
« titre ou quelque dénomination qu'elles se perçoivent,
« sont formellement interdites, à peine contre les au-
« torités qui les ordonneraient, contre les employés
« qui confectionneraient les rôles et tarifs et ceux qui
« en feraient le recouvrement, d'être poursuivis com-
« me concussionnaires, sans préjudice de l'action
« en répétition, pendant trois années, contre tous re-
« ceveurs, percepteurs ou individus qui auraient fait la

« la perception, et sans que, pour exercer cette action
« devant les Tribunaux, il soit besoin d'une autori-
« sation préalable. »

XXXIV

Résumons :

De Louis-le-Hutin à M. le maréchal de Mac-Mahon,
la tradition est constante ;

Même quand il est violé, le principe du libre vote de
l'impôt par les représentants du peuple est reconnu ;

Tous les Rois l'admettent ;

Les pires tyrans, Henri III, l'auteur du coup d'Etat
de Blois — et Napoléon III, l'auteur du coup d'Etat
de Décembre, s'inclinent devant lui ;

Toutes nos Constitutions, après tous nos Etats-Gé-
raux, le proclament ;

Tous nos hommes d'Etat, — tous nos historiens,—
tous nos philosophes, — tous nos publiscites le profes-
sent : Nicolle Gilles, Claude Gelée, Philippe de Com-
mynes, le chancelier de l'Hôpital, Sully, Fénelon,
Saint-Simon, Mirabeau, quels noms et quelles auto-
rités !

Sur ce point, la noblesse, le clergé, le peuple sont
d'accord ;

Les cahiers de 89 sont unanimes ;

Dans notre programme national, il n'y a pas d'article moins contesté et plus incontestable ;

Il est par deux fois inscrit dans la légalité qui nous
régit :

Dans la Constitution

Et

Dans la loi de finances.

Sous l'ancien régime, comme sous le nouveau, le
refus du budget par les représentants du peuple en-
traîne le refus de l'impôt par le contribuable.....

C'est au mépris de ce principe fondamental de toutes nos institutions, de ces traditions constantes, de cette légalité évidente que nos gouvernants songeraient, dit-on, à faire voter le budget par le Sénat qui, en cette matière, est une Assemblée sans mandat....

XXXV

On prétend que le Roi de Prusse aurait, un jour, tenu à Voltaire ce cynique langage : «Il s'agit, avant tout, d'avoir de l'argent ; — avec de l'argent on a des soldats ; — avec des soldats on se f .. du reste!»

Frédéric de Prusse — nous terminons par là — était assurément un grand capitaine et, comme disait Henri IV, un victorieux ;

En sa qualité de guerrier, il ne doutait de rien excepté de Dieu et de la justice ;

Eh ! bien, nous estimons que si ce capitaine eût vécu de nos jours, en France, c'est-à-dire dans un pays où depuis plus de *cinq cents ans* la nation est en possession du droit de voter librement ses contributions, dans un pays où l'armée, a, autant et peut-être plus que le reste de la nation, le sentiment de l'honneur et de la probité, nous estimons, disons-nous, que Frédéric de Prusse n'aurait pas professé, en un langage de corps-de-garde, la théorie du vol à main armée.

Cette morale à la prussienne n'est plus de saison.

Le caporalisme a fait son temps ;

Les armées ne se composent plus de mercenaires.

La nation est maîtresse de ses deniers ; en matière de budget c'est elle — elle seule ! — qui a le droit de lier et de délier. Ses représentants directement élus ont le droit exclusif de voter le budget.

Si le budget n'était pas voté, tout contribuable aurait le droit et le devoir d'opposer aux réclamations d'un

Gouvernement concussionnaire le refus de l'Impôt;

Et si ce Gouvernement voulait mettre en pratique les théories financières de Frédéric de Prusse, tout citoyen aurait le droit......

Mais, nous n'en sommes pas là ;

Il suffit, pour le moment, de rappeler qu'en France, la propriété est inviolable et sacrée.

Bibliographie. — *Histoire des Etats-Généraux*, par Georges Picot. — *Histoire de l'Impôt en France*, par J.-J. Clamageran. — *Les Cahiers des Etats-Généraux*, collection des Archives parlementaires. — *Résumé général*, de Prudhomme. *Traité des Finances*, par Joseph Garnier.—*Traité des Impôts*, par Vignes. — *L'Ancien Régime et la Révolution*, par Tocqueville. —*Philosophie de la Science Politique*, par Emile Acollas.

Agen, Imprenta Bonnet.

www.ingramcontent.com/pod-product-compliance
Lightning Source LLC
Chambersburg PA
CBHW061334060726
47596CB00003B/1233